Jenny A Dit

-

Input Output

À toi Jennifer,
La plus grande de toutes mes réussites...
Car toi Tiffany, tu es plus petite ! ;-)

Remerciements

Madame Tardy, pour son idée géniale, sans laquelle ce livre n'aurait sans doute jamais vu le jour,

Patricia, pour sa relecture et ses conseils avisés,

Google, pour ses outils pratiques et (presque ;-)) gratuits,

La communauté du logiciel libre, pour LibreOffice, avec lequel j'ai finalisé la mise en forme du manuscrit,

Et tous ceux qui, sans le vouloir, ont écrit la quasi-totalité des phrases de ce livre...

Préface

Tout parent connaît ce bonheur, dès que son enfant commence à prononcer ses premiers mots :
Entendre avec délice les petites erreurs de langage que ce dernier commet, et qui sont parfois très amusantes :
Au coucher, à deux ans :
« Jenny a pas sommeil. Jenny a déjà dormi hier. »
À table, à trois ans : « Papa, j'aime pas les algues. »
« C'est pas des algues, c'est des épinards... »

Je vous invite ainsi à partager avec nous ce cadeau que j'ai fait à ma fille Jennifer pour sa majorité :
Un livre retraçant dix-huit années de réflexions toutes plus étonnantes les unes que les autres.
Des centaines de ces « adis » qui l'ont vue grandir, de ses premiers mots à ses remarques cinglantes d'adolescente, qu'elle n'est même plus désormais.

Puisse t-elle en rire encore, des années plus tard, en les partageant à son tour avec ses propres enfants...

Sommaire

Pourquoi ce livre ?

Alors que je faisais un stage à Dijon, j'en ai profité pour aller voir mon témoin de mariage qui était en visite chez ses parents.

En balade avec lui et sa mère, nous échangions sur les enfants, car je venais tout récemment de connaître le bonheur d'être Papa.

Cette dernière m'a raconté à ce propos qu'un de ses grands plaisirs d'être parent était d'entendre les bons mots et les phrases amusantes que pouvaient (involontairement) inventer ses enfants (elle a eu deux fils). Elle avait donc décidé à l'époque de noter sur un petit carnet tout ce qu'avait dit son cadet de comique ou simplement de maladroit, parce que c'était amusant et drôle.

J'ai trouvé l'idée excellente et l'ai adaptée à ma condition de geek du XXIe siècle : J'ai donc commencé à noter les bons mots de ma première fille, Jennifer, dès ses premières syllabes, dans un fichier sur ordinateur. Puis je me suis bien vite rendu compte que ses erreurs et ses inventions lexicales étaient si originales qu'il m'était quasiment impossible de les retenir plus de quelques minutes. Je suis donc passé aux enregistrements audio sur smartphone, plus simples et toujours disponibles, que je retranscrivais au format texte lorsque leur nombre devenait trop conséquent.

Mais la procédure, un peu pénible, me demandait parfois de réécouter plusieurs fois chaque enregistrement. Je suis donc passé à Google Keep, sur lequel je notais directement le texte final, que je recopiais de temps en temps dans le fichier en question, qui ne cessait de grossir. Dernière amélioration en date, j'ai mis le fichier en ligne sur le cloud grâce à Google Docs, afin de pouvoir y accéder partout et assurer sa sauvegarde continue.

Entre temps, les bons mots de sa sœur, Tiffany, de trois ans sa cadette mais particulièrement prolixe en la matière, sont venus enrichir ma prise de notes. Ils feront eux aussi l'objet d'un « livre des adis », dans trois ans, quand elle aussi aura atteint sa majorité.

Ce livre est avant tout le livre de Jennifer. Un recueil des (bons) mots qui ont égrené ses activités, ses loisirs, nos échanges, bref, sa vie...
Mais ce sera aussi l'occasion pour vous, lecteur - que je n'ai pas la chance de connaître - de sourire un peu, voire de rire beaucoup en parcourant ces erreurs de jeunesse parfois extrêmement drôles, à mon goût de zèbre tout du moins !
Ne vous étonnez donc pas si, tout comme moi, vous vous mettez à rire tout seul devant vos voisins, dans les transports en commun ou dans une salle d'attente pendant que vous lirez ce livre.

Amusez-vous bien !

Input Output

Méthode de lecture

Les personnages :

J : Jennifer
T : Tiffany
M : Maman
P : Papa

- Si le personnage n'est pas précisé, c'est qu'il s'agit de Jennifer.

- Les phrases sont classées par âge, afin de bien comprendre le contexte, le niveau de langue et/ou l'état d'esprit associé (l'adolescence par exemple).
Elles sont toutes numérotées selon un système de codage (âge, tiret, numéro de l'anecdote) afin que chacune puisse être identifiée individuellement.

- Pour faciliter la compréhension, une première phrase peut venir préciser le contexte, ou bien une parenthèse finale peut être utilisée pour expliquer les mots qui auraient dû être employés en lieu et place de l'erreur de langage.

- De façon très rare, le comique vient d'un échange entre Jennifer et sa sœur : La phrase sera alors présente dans le livre de chacune de mes deux filles, afin qu'aucune d'entre elles ne puisse la rater !

- Pour finir, un petit conseil : lisez quelques-unes de ces phrases parfois sans queue ni tête jusqu'à ce que l'effet comique cumulé finisse par vous faire sourire de bon cœur.
Lisez-en encore quelques unes avec cette toute nouvelle bonne humeur, puis gardez le reste pour une prochaine fois où vous aurez le moral un peu en baisse !

1 an

Premiers mots sur MSN Messenger :
« ppy cbnvvvbbbbùpq » (véridique, c'est un copier-coller qui aura bientôt dix-huit ans...)

2 ans et demi

2.5-1 : A la télévision, des chevaux passent.
« Les chevaux !! »
P : « C'est bien ! Et si y'en a qu'un seul, qu'est-ce que qu'on dit ? »
J : « ...Merci ?... »

2.5-2 : M : « Qu'est ce que tu as mangé au dessert ? »
J : « Sucré ! »

2.5-3 : Sur l'ordinateur, une grenouille coasse :
« À roté ! »

2.5-4 : La « potelé » (la pâte à modeler)

2.5-5 : Elle découvre une tête de mort sur une voiture, sous un petit cache en plastique :
« Oh, le monsieur ! »

2.5-6 : Son Papi : « Tu es un petit perroquet toi ! »
J : « Non, Jenny DUPONT ! » (le nom a été changé)

2.5-7 : Dans le lit, elle joue et s'amuse à faire semblant de me taper.
P : À Maman : « Elle cherche les limites. »
Quelques secondes plus tard, elle fait le tour du lit en cherchant...les limites !

2.5-8 : Au goûter : « Jennifer garde la brioche pour demain. »
M : « Pourquoi tu la gardes pour demain ? »
J : « Pour manger. »

2.5-9 : Après avoir été bu, le biberon fait un petit bruit.
« Le biberon a sonné ! »

2.5-10 : Enceinte de trois mois, Maman dit après avoir mangé en montrant son ventre :
M : « Et ben, qu'est-ce ça va être quand je serai de six mois ! »
J : « Oh ! Maman a bien mangé ! »

2.5-11 : P : « Tu sais, ta petite copine Lisa a eu une petite sœur... »
J : « Oh oui Papa, achète une petite sœur à Jenny !... À Carrefour ! »

2.5-12 : « Jenny a froid, Jenny va attraper la crème ! » (la crève)

2.5-13 : Le soir avant de lui dire que Maman attendait un bébé :
P : « Qu'est-ce qu'elle a dans le ventre Maman ? »
J : « ...la pizza ! » (effectivement on avait mangé des pizzas)

2.5-14 : Elle joue avec moi à Superfrog (un ancien jeu vidéo d'Amiga) :
« La grenouille elle ramasse plein de pièces, après elle achète des bonbons ! »

2.5-15 : « Jenny a pas sommeil ! Jenny a déjà dormi hier ! »

2.5-16 : Mamie Michèle : « Appelle-moi Mamie tout court si tu veux ! »
J : « D'accord Mamie tout court... »

3 ans

3-1 : Maman est toujours enceinte.
J : « Il est gentil le petit bébé ! »
M : « Tu sais pas tu le connais pas encore ! »
J : « Le bébé il sort, hop, Jenny elle le connaît ! »

3-2 : Elle met les cheveux de Maman sur sa bouche.
J : « Maman à la moustache. »
M : « Non, Maman a pas de moustache. »
J : « Les chats. »
M : « Oui, les chats ont une moustache. »
J : « Et les docteurs ! » (son pédiatre a effectivement une grosse moustache)

3-3 : « Aïe, Jennifer a un petit bouton ! »
M : « Oh, c'est pas grave... »
J : « Non, est pas pas grave, Jenny a mal ! »

3-4 : P : « Tu sais comment ça fait un fantôme ? Hou-hou ! »
J : « Non, est pas un fantôme, est un hibou ! »

3-5 : M : « Qu'est qu'il y a sur le sapin ? »
J : « Des tomates ! » (les boules de Noël)

3-6 : « Jennifer va raconter une blague à Papa : »
« Pourquoi les lapins ils sortent dehors ? ... Pour manger les carottes ! »

3-7 : M : « Viens là ma petite nature. » (ma chérie)
J : « Jenny est pas un dessert (yaourt nature), Jenny est une petite fille. »

3-8 : Au petit déjeuner :
J : « Papa, où il est le lait à toi ? »
P : « On dit TON lait. »
J : « D'accord. Où il est MON lait à toi ? »

3-9 : J : « Qu'est-ce que c'est ça (montrant un monstre vert représentant un martien) ? »
P : « Un extra-terrestre. »
J : « Non, une grenouille. »

3-10 : J'ouvre la bouche en me rasant.
« Mets la main devant la bouche ! » (quand tu bailles)

3-11 : « Qu'est-ce qu'on va manger au restaurant ? »
P : « Des spécialités de Lyon. »
J : Après un long silence...« Non, de la saucisse ! » (pensait manger du « lion »)

3-12 : Pendant l'absence de Maman pour l'accouchement de Tiffany :
« Qui est-ce qui va faire des câlins à Jennifer ? »
P : « Ben c'est Papa ! »
J : « Mais Papa a pas beaucoup de cheveux ! » (elle avait la manie de triturer les cheveux de sa mère pendant les câlins)

3-13 : P : À propos des chevaux : « Quand il y en a plusieurs, qu'est-ce qu'on dit ? »
J : « Des chevaux. »
P : « Très bien. Et quand il n'y en a qu'un seul ? »
J : « ...Un poney ! »

3-14 : M : « Qu'est-ce qu'il va t'apporter le Père Noël ? »
J : « Des jouets par milliers ! »

3-15 : « Papa, t'aide moi à ranger ! » (habitude d'entendre je T'aide à faire ci ou ça)
Et aussi dans la série :
3-16 : « Papa, m'aide moi à ranger ! »

3-17 : « Papa, regarde la jolie pizza !....Rouge ! » (en pâte à modeler)

3-18 : « La viande de porcherie » (de porc)

3-19 : M : « Pourquoi tu as la sucette ? »
J : « Je fais un câlin à moi. »

3-20 : P : « On dit pas « la brioche à moi », qu'est-ce qu'on dit ? »
J : « Merci ! »

3-21 : Soirée crêpes :
P : « Tu la veux à quoi ta crêpe ? Au Nutella, à la confiture, au sucre ? »
J : « Oui, à tout ça ! »

3-22 : P : « Tu veux que je te réchauffe tes pâtes ? »
J : « Non. »
P : « Non comment ? »
J : « S'il te plaît. » (il fallait dire non merci)

3-23 : Première phrase au réveil :
« J'ai des crottes de nez dans les yeux... »

3-24 : Maman me dit : « ...Non, tu peux pas comprendre... » (tu n'as pas suivi l'histoire.)
J : « Mais si, tu dis à Papa, et il comprend ! »

3-25 : À Parrain et à moi : « Amusez-moi ! » (jouez avec moi)

3-26 : P : « Tu sais Skippy (notre chien) dans ses os en biscuit y'a des choses pour se laver les dents. »
J : « Ah bon ? Dedans y'a un verre d'eau, une brosse à dents, du dentifrice ?... »

3-27 : M : « Le sel tu sais à quoi ça sert ? »
J : « À saler. »
M : « Très bien. Et le poivre ? »
J : « ... À pimenter ! »

3-28 : « Papa, j'aime pas les algues... »
P : « C'est pas des algues c'est des épinards ! »

3-29 : « C'était le « braye » dans la maison des chevaux ! » (mélange de bronx / waï (le désordre))

3-30 : M : « On va manger du gratin dauphinois. »
J : « Moi j'aime pas manger chinois. »

3-31 : P : « Demain j'amène Skippy au chenil. »
J : « Non, au stade ! » (depuis toute petite, elle dit « chenil » au lieu de « «stade » (l'espace sur le chemin de Château-Gombert maintenant en cours de construction où nous allions parfois nous promener avec Skippy. Et là elle persiste dans son inversion)

3-32 : En route pour l'école, elle regarde passer les autres véhicules par la fenêtre de la voiture.
« Papa, a beaucoup de voitures ! »
P : « Eh oui, les gens ils vont au travail ! »
J : « Ah bon, c'est par là le travail ? »

3-33 : « Papa, tu peux me décrocher le truc de la poussette ? »
P : « On dit pas le « truc », on dit le mot qui correspond... »
J : « Le mot qui correspond... »

3-34 : Les « polly-croquettes » (au lieu des Polly-Pocket, les petites figurines)

3-35 : À l'arrière du taxi à Malte avec Maman :
J : « Maman, qui c'est qui conduit ? » (j'étais assis à gauche, sans volant, conduite à gauche oblige)

3-36 : Elle n'a pas été sage : P : « ...Et encore tu as failli aller au lit sans manger ! »
J : « C'est pas grave dans ma chambre j'ai ma cuisinière je peux me préparer à manger toute seule ! »

3-37 : Elle joue aux Playmobils : « Le volcan a tout déconstruit la maison ! »

4 ans

4-1 : « J'ai du blanc foncé ! » (comme couleur de t-shirt - en fait de l'orange clair)

4-2 : « Maman, Tiffany crie comme une madeleine ! » (mélange de crier comme une malade / pleurer comme une madeleine)

4-3 : Pendant le remplissage du bocal des poissons :
J : « Papa là ça suffit sinon je crois qu'ils vont se noyer ! »

4-4 : « Ce soir on mange de la savonnette. » (de la saumonette)

4-5 : « L'arche de Noël » (de Noé)

4-6 : M : « Et si tu le perds ton jouet, qu'est-ce que tu vas faire après ? »
J : « Ben je le retrouve ! »

4-7 : « Maman, on dit pas la mouche à merde, on dit la mouche qui embête… » (elle avait compris la mouche « emmerde »)

4-8 : M : « Qu'est-ce qu'il fait Pinocchio quand il ment ? Il a le nez qui...? »
J : « ...Coule ! »

4-9 : En regardant Benny Hill déguisé en Dracula : « Dis Maman, pourquoi il fait le lion le magicien ? »

4-10 : « Je suis timide quand je suis dans un autre lit. » (elle a du mal à s'endormir hors de chez elle)

4-11 : « J'ai la tête de nuages là-dedans ! » (je suis distraite)

4-12 : P : « C'est quoi comme race ton chien ? » (son jouet)
J : « Un cannibale. » (un caniche).

4-13 : « Maman, Tiffany elle a le nez qui sort ! » (qui coule)

4-14 : « Moi j'aime l'école. ... Surtout quand je suis en vacances ! »

4-15 : Elle tombe sur le matelas posé au sol : « Je me suis fracaguée ! » (fracassée).

4-16 : « Papa quand il parle, il a la voix grasse. » (grave).

4-17 : Elle prépare un « petit plat » en pâte à modeler.
P : « Hum, ça a l'air bon ça, qu'est ce que c'est ? »
J : « De la pâte à modeler ! »

4-18 : « Si on gagne la course on aura le trombone. » (le trophée)

4-19 : « Papa, on est demain là ? »
P : « Non, et d'ailleurs on sera jamais demain ! »
Et dans le même style :
4-20 : « Papa aujourd'hui c'est demain ? »
P : « Non, je te l'ai déjà dit hier, aujourd'hui c'est aujourd'hui ! »
J : « Pourtant, hier, c'était hier ? »
P : « Oui. »
J : « Et ben hier tu m'as dit demain, donc demain c'est aujourd'hui ! »

4-21 : « Il y a de la bouée sur la vitre. » (buée)

4-22 : Elle n'arrive pas encore à faire le son « f » (elle fait des « s » à la place).
Son parrain insiste : « Dis « Fabrice » ! »
J : « … Parrain ! »

4-23 : Elle fait couler le fromage à raclette sur qa pomme de terre. P : « Mmmmm… »
J : « Pourquoi tu fais mmmmm puisque c'est à moi ? »

4-24 : P : « Fais quand tu es pas contente. »
Elle fronce les sourcils.
P : « Fais quand tu es contente. »
Elle sourit en montrant les dents.
P : « Fais « bli ». » (jeu de mots)
J : « C'est quoi « bli » ? »

4-25 : P : En train de changer une prise. « Aïe ! »
J : « Qu'est-ce qu'il y a ? »
P : « Je me suis pris le jus… »
J : « Ah bon ? C'est bizarre, normalement derrière un mur il y a de la terre pas du jus… »

4 ans et demi

4.5-1 : « Ils ont commencé à creuser le stade (au technopole) avec un ver de terre
(un bulldozer). On pourra plus y aller à tout jamais... »

4.5-2 : « Moi, j'aime le Nutella. Surtout que dans le Nutella, il y a du chocolat, et moi j'adore le chocolat. »

4.5-3 : « Papa, on fait la course à celui qui arrive le premier dans le hall ! Et c'est la plus petite qui peut gagner. » (ou comment fixer des règles avantageuses)

4.5-4 : P : « Les bêtises de ta sœur elles sont moins graves que les tiennes, parce que ton cerveau à toi il est fini : par exemple si je te dis 1+1 tu me dis ? »
J : « 9 ! »

4.5-5 : Tard dans la nuit, elle me demande de l'eau alors que je suis en train d'aller me coucher.
Je lui ramène, avant même de m'être déshabillé.
« Papa, tu dors en pantalon cette nuit ? »

4.5-6 : « Je m'est mordu la mâchoire ! »

4.5-7 : « Tiffany pour monter les escaliers elle monte à quatre genoux. » (mélange de « à quatre pattes » / « à genoux »)

4.5-8 : Elle cherche la lettre i sur le clavier.
J : « Où il est le « traine » ? » (« trait » car le i ressemble à un trait et « enne » comme à la fin du son du n et du m...)

4.5-9 : M : « Il faut pas monter sur le canapé ! Qu'est-ce qu'on lui fait à ta sœur quand elle monte sur le canapé ? »
J : « Un hématome. » (sa mère lui dit toujours « Tu vas te faire un hématome si tu tombes »)

4.5-10 : En déplacement, je téléphone à la maison à l'heure où elle va se coucher.
P : « Tu t'es lavé les dents ? »
J : « Oui. »
P : « Tu as bien mangé ? »
J : « Oui. »
P : « Tu vas aller te coucher ? »
J : « Pourquoi tu poses toutes ces questions ? »

4.5-11 : « La dernière fois dans le jardin y'avait un chat perceux. » (persan)

4.5-12 : « Tiffany a fait une tournade dans le lit. » (une roulade)

4.5-13 : « Papa, tu peux m'ouvrir les petits filous, j'ai les mains glisseuses... »

4.5-14 : « Papa, qu'est-ce que tu fais ? »
P : « Je réfléchis... »
J : « ... Bon je te laisse... »
...
J : « Papa tu me dis merci que je te laisse réfléchir ? »

4.5-15 : P : « Jennifer, tu peux aller dans le tiroir me prendre l'agrafeuse s'il te plaît ? »
J : « C'est quoi une grafeuse ? » (la grapheuse)

4.5-16 : « Oh, la maison du marié ! » (l'église)

4.5-17 : « Parrain, tu as les dents toutes sales ! »
Parrain : « Mais non, c'est des plombs ! »

4.5-18 : « Maman, je suis amoureuse de Tiffany ! » (j'aime ma sœur)

4.5-19 : Dehors, au début de l'été avec un peu de vent.
« Papa t'as pas froid ? T'as les bras tout nus, tu vas attraper des microbes ! »

4.5-20 : « Ma chambre elle est rangée comme un sou neuf ! » (propre comme un sou neuf)

4.5-21 : « Je préfère quand c'est Maman qui me couche ! »
P : « Pourquoi ? »
J : « ... »
P : « Dis-moi pourquoi ! »
J : « Pourquoi. »

4.5-22 : « Papa, pourquoi tu appelles ça les ciboulettes ? Y'en a pas six. »

4.5-23 : P : « Ça va trotinette ? » (petit surnom parfois employé).
J : « Je suis pas une trotinette. Je suis une petite fille et je m'appelle Jennifer. »

4.5-24 : P : « Bon on va jouer à un jeu. Je dis une lettre et tu dois trouver un mot qui commence par cette lettre...V ! »
J : « ... »
P : « Voiture ! Bon une autre, R ! »
J : « ... »
P : « Qu'est-ce qui commence par rrrrrrr (le son) ? »
J : « ...Un lion ! »

4.5-25 : Elle vient de compter combien d'enfants elle allait inviter pour son anniversaire.
« J'ai oublié qui je voulais inviter avec ces deux doigts... »

4.5-26 : « Je mange la crotte de porc. » (la côte de porc)

4.5-27 : « Je l'ai prendu. » (pris)

4.5-28 : « Attention tu vas tomber dans le gradin ! » (le ravin)

4.5-29 : « Le soir je vois les luons des magasins de jouets. » (mélange de lumières / néons)

5 ans

5-1 : Au cours d'un repas chinois à la maison : « Les champignons noirs, ça fait croustiller les dents. »

5-2 : P : « Tu la mets ta veste à la récréation ? »
J : « Ben, souvent oui…Et souvent non… »

5-3 : P : « Comment je m'appelle moi ? »
J : « Papa ! »
P : (Rires) « Non, mon prénom ! »
J : « Papounet ! »

5-4 : M : « Tu es née où ? » (réponse attendue : Marseille)
J : « A l'église ! »

5-5 : « Il y a de l'essuie-glace sur le gâteau. » (du sucre glace)

5-6 : M : « C'est bon les lentilles, il y a du fer dedans ! »
J : « Mais…le fer, ça se mange pas ! »

5-7 : « J'ai faim ça commence par un g ! »

5-8 : « Papa tu as pas mis ton pantalon de nuit ? » (ton pyjama)

5-9 : « Papa, pourquoi il y a un oiseau dans la case ? »
(une coche ☑)

5-10 : Elle lit une publicité pour un portable, puis je lui
demande : « Et ça c'est quoi ? » (le symbole *)
J : « ??? »
P : « L'étoile. »
P : « Et ça ? » (le symbole #)
J : « Barrière ! »

5-11 : P : « Jennifer, donne-moi un animal qui
commence par la lettre L. »
J : « ...Lion ! »
P : « Très bien ! Et maintenant par la lettre M. »
J : « ... ... Maman ! »

5-12 : M : « La prochaine fois que tu me réponds, je te
mets une gifle ! Tu as compris ? »
J : « ... »

5-13 : En parlant de ses playmobils :
« Là c'est les chiens ils gardent la maison alors ils
dorment avec un seul œil. »
P : « Et ils arrivent à dormir avec un seul œil ? »
J : « Euh, non, pas trop, mais ils sont obligés sinon je les
tape... »

5-14 : Je joue à un jeu vidéo avec une fille à moto et
j'échappe de justesse à la mort : P : « Alléluia ! »
J : « Elle s'appelle Louya la fille ? »

5-15 : Je lui explique les atomes et j'essaie de dessiner une molécule de glucose ($C_6H_{12}O_6$) :
P : « Et mince, où ils sont les six O ? »
Quelques secondes après : J : « Tiens ils sont là ils étaient dans le tiroir comme d'habitude. » (les ciseaux !)

5-16 : « Je me suis régalé le ventre. »

5-17 : « Ma chambre elle est sans dessous dessous. » (sens dessus dessous)

5-18 : « L'œuf vient juste d'éclorer » (d'éclore)

5-19 : « Ça a l'air bon, on peut baisser la lumière ? » (on tamise souvent l'ambiance et on mange avec des chandelles quand c'est un bon repas).

5-20 : Au coucher : « Papa, normalement tu es fait pour me surveiller. »

5-21 : À l'animalerie : « Maman, la perruque elle s'est envolée ! » (la perruche)

5-22 : « La viande ça fait manger les dents. » (travailler les dents)

5-23 : « Regarde, une termitière de fourmis. » (une fourmilière)

5-24 : « Je pèse un poids et demi. »

5-25 : Pour Pâques à propos des œufs en chocolat :
« C'est nous qui a trouvé, c'est nous qui mange tout ! »

5-26 : P : « Écoute cette chanson Jennifer, elle est super connue ! »
J : « Non elle est pas super connue, moi je la connais pas… »
P : « Mais Jennifer, tu as cinq ans… »

5 ans et demi

5.5-1 : « Pourquoi on prend jamais la voiture de Maman pour aller chez Marraine Sophie ? » (À Vitrolles)
P : « Parce que la voiture de Maman elle est vieille et on évite de trop la faire rouler. Mais quand on aura des sous, on en achètera une plus neuve. »
J : « Et ben moi, je vais m'arracher toutes les dents et je donnerai les sous (de la souris) à Maman comme ça elle pourra s'acheter une voiture. »

5.5-2 : « À Disney dans le train fantôme j'étais terrorifiée. » (mélange de terrorisée / horrifiée).

5.5-3 : « J'ai une trompe d'éléphant. » (une mémoire d'éléphant)

5.5-4 : « Une bouteille de feu » (un extincteur)

5.5-5 : P : « Jennifer, quel mot tu sais écrire en entier en attaché ? »
J : « Kermesse...mais seulement la première lettre, le K... »

5.5-6 : « J'habite à deux pieds de chez Maëva. » (à deux pas)

5.5-7 : Elle est en train de regarder l'interview d'un présentateur un peu loufoque qui porte une chemise à pois assez ample (et assez ridicule) : « Il est pas beau son pyjama ! »

5.5-8 : « Avant le bain j'avais les cheveux tout fripus. » (mélange de frippés / crépus)

5.5-9 : P : Essaie de faire comprendre les « temps » :
« On dit : Aujourd'hui, je mange, demain je mange... »
J : « ...À la cantine ! »

5.5-10 : « Un hot-dog » (un bouledogue)

5.5-11 : P : En train de regarder un reportage où l'on voit la tour Eiffel : « C'est où ça ? »
J : « Paris ! »
P : « Très bien, et comment tu sais ça toi ? »
J : « Dès que je vois une tour Eiffel quelque part je dis : Paris ! »

5.5-12 : « Oh, la dame de la Garde ! »
P : « Non, c'est « Notre-Dame de la Garde » »
J : « C'est rien que la vôtre ? »

6 ans

6-1 : Elle ne sait plus où elle a mis un de ses deux petshops tortue (petits animaux en plastique).
P : « Et celle qui reste, elle peut pas sentir sa copine et la retrouver ? »
J : « C'est une tortue c'est pas un chien ! »

6-2 : Elle et sa sœur se disputent deux paires de ciseaux.
P : « Allez, laisse ceux-là à ta sœur et prends les autres, y'a pas écrit « Jennifer » dessus ! »
J : « Si ! » (c'était les ciseaux de l'école avec son prénom scotché dessus ;-))

6-3 : Je joue au jeu vidéo au vidéoprojecteur.
P : « Chut, il y a des méchants ! »
J : « Ça va je suis pas dans le jeu ! »

6-4 : P : « À partir de quelle heure c'est l'après-midi ? »
J : « Quatre heures ! » (pas si illogique mais faux ;-))

6-5 : « Comment je fais pour le sacher ? » (le savoir)

6-6 : « Papa tu sais à la fin de ce livre il y a des questions. »
P : « Mais non ce ne sont pas des questions, c'est la table des matières. »
J : « Alors pourquoi il y a des choses à remplir ? » (des points entre le titre et le numéro de page, comme si c'était à remplir ;-))

6-7 : Premier message laissé sur mon répondeur (elle connaît mon numéro de portable par cœur) :
« Ça répond pas. C'était mon père mais il dit qu'il peut pas répondre. Il a laissé un message. » (« Laissez/é un message après le bip »)

6-8 : « Papa, j'ai une idée de recette : on prend de la pâte, on met du jambon dessus, des herbes de provence, et on fait cuire ! »
P : « Euh… Il manque pas quelque chose dans ta recette ? »
T : « S'il te plaît !! »
P : Rires.
J : « C'est s'il te plaît qui manquait ? »

6-9 : Son Parrain : « Tu es allée à la neige ? Alors elle était comment ? »
J : « Blanche ! »

6-10 : T : « Tiffany va faire du poney » (avec l'école)
J : « C'est pas vrai. »
T : « Si. »
J : « Non : Un, tu étais en répartition donc c'est pas ta maîtresse elle a pas pu te dire ça. Deux, Papa il serait pas d'accord et trois, tu es trop petite. »

6-11 : M : « Tu as de jolis yeux noisette. »
J : « Si un écureuil il me voit il va être amoureux de moi. »

6-12 : P : « On va manger du gratin dauphinois. »
J : « C'est quoi de l'auphinois ? » (« d'auphinois »)

6-13 : Elle se met une peluche sous le tricot pour faire semblant d'être enceinte.
« L'opticien m'a dit qu'il allait naître demain ! »

6-14 : « Papa ils sont nés ou les noirs ? »
P : « Ben, en Afrique majoritairement. »
J : « Et moi je suis beige je suis née ici ! » (elle a le teint mat)

6-15 : « Le dinosaure Tera-Xyl » (Tyranosaure Rex)

6-16 : En voiture :
J : « Ici il y a des serpents. »
P : « Mais non. »
J : « Mais si il y a la pancarte ! » (virages)

6 ans et demi

6.5-1 : En voiture : « Si tu avais écrasé le crapaud sur la route, on aurait pu le mettre dans la petite tombe au bord de la route. » (la borne kilométrique)

7 ans

7-1 : P : « Dans « pasta », l'accent (tonique) il est où ? »
M : « Mais y'a pas de où dans « pasta » ! »

7-2 : En mangeant des moules :
« C'est bizarre, même le bébé moule (la petite moule) elle a de la barbe. Pourtant, c'est pas un papi… »

7 ans et demi

7.5-1 : Au centre de spécialistes, il y a une plaque « gastro-hépato-entérologue ».
Elle lit la pancarte, puis demande :
« Ça veut dire quoi ? »
P : « Gastro c'est le ventre, c'est quelqu'un qui soigne le ventre, hépato c'est le foie… »
J : « …Et entérologue c'est quand il est mort on l'enterre ! »

7.5-2 : Son premier néologisme :
« N'importe combien » (comme n'importe quoi, mais pour un nombre…)

11 ans

11-1 : P : « Une fois on m'a branché dans la rue pour faire des prélèvements automatiques pour Médecins Sans Frontières. »
J : « Ben moi j'aimerais pas ça, j'aime pas les piqûres. »

12 ans et demi

12-1 : « Je suis en train de me brûler les nerfs pour me souvenir d'un mot. » (me creuser la cervelle)

12-2 : « Il a été pris dans la tournade. » (la tornade)

13 ans

13-1 : « Maman, j'ai un ver solitaire dans l'œil ! »

13-2 : « Tiffany elle grossit des yeux. »

13-3 : « Papa, à votre époque, les photos elles étaient en noir et blanc ou en couleur ? »

13-4 : « J'ai fait un pet diarréique. » (foireux)

13-5 : « La feuille elle prend flamme. » (mélange de prendre feu / s'enflammer)

13-6 : « Y'a des nuages dans le champ. » (du brouillard)

13-7 : « Moi n'importe quelle maladie que j'ai j'ai toujours faim de toutes façons… » (être malade ça ne me coupe pas l'appétit)

13-8 : P : « Un voyage sur Mars ça dure trois ans. »
J : « Moi si j'y vais j'emporte ma DS… » (sa console de jeu portable)

13 ans et demi

13.5-1 : Aux U.S.A. :
« Pensacolada Beach » (mélange de Piña Colada / Pensacola Beach)

13.5-2 : Elle trouve plein d'arêtes dans son saumon :
« C'est quoi ce saumon, c'est pire que CDiscount ! »

13.5-3 : « Papi Brossard (un magnétiseur) ça marchait l'imposition des mains ? »
P : « Non. »
J : « Si ça marchait, peut-être il avait avalé un aimant quand il était petit… »

13.5-4 : « Tu connais I can you do ? » « I can you do, to mambo to mambo » (en chantant, répété toute la journée)
Variante : « I can you do, to mambo-ing ».

14 ans

14-1 : « On pourra vous faire la cuisine pour la Saint-Valentin ? »
M : « Oui mais il faudra pas que ça coûte cent euros en courses. » J : « Si tu veux qu'on achète des produits nobles ça va coûter cher... »

14-2 : « Huit degrés, il fait pas froid. » (ne voulait pas couvrir son cou).

14-3 : « Ça m'énerve, j'ai un pied plus grand que l'autre... »

14 ans et demi

(Je note davantage grâce à Google Keep sur mon téléphone)

14.5-1 : « Nous on est énervants ici parce que c'est vous qui êtes énervants. »

14.5-2 : De retour du bois des lutins : « Maman tu es fière de nous on s'est rien cassé aujourd'hui ! »

14.5-3 : On parle de la dureté de l'eau. « Mais moi quand je la bois je sens pas qu'elle est dure, l'eau. »

14.5-4 : Elle est malade : « J'ai faim mais j'ai pas faim en fait c'est bizarre... »

14.5-5 : M : « Qu'est ce que tu fais ? »
J : « Je me remonte le frog » (le froc)

14.5-6 : Sur les remparts d'Aigues-Mortes : « Ça avait l'air bien de faire la guerre ici ! »

14.5-7 : Elle se tire une petite mèche de cheveux et dit : « Regarde, j'ai mon crâne qui s'étire ! »

14.5-8 : Elle a l'habitude de mettre son genou contre le levier de vitesse et je lui dis que ça me dérange.
Elle me répond « C'est pas de ma faute c'est ma hanche elle est déboîtée. »

14.5-9 : « Je suis un dindonneau. » (répété à l'envie + bruit (glouglou) qui va avec)

14.5-10 : Au Parc du Mugel, attablés dans un restaurant au bord de la mer en train de manger des glaces, tout va bien.
M : « Vas-y je te prends une photo. »
J : « Non, j'ai pas envie de sourire. »

14.5-11 : Le soir de son premier jour de brevet : « J'ai plus de forces j'ai trop réfléchi. »

14.5-12 : Nous sommes allés lui faire faire une analyse de sang et la personne de l'accueil disait que c'était impossible de rajouter le test pour l'allergie au lapin, alors que son responsable l'a finalement fait. Je dis donc qu'elle soutenait mordicus que c'était impossible.
« Mais c'est qui « mordicus » » ?

14.5-13: Elle n'aime pas les arêtes dans le poisson et les recherche assidûment dès qu'elle en mange, y compris dans le saumon fumé par exemple. Là on est en train de manger de la souris d'agneau et elle s'exclame tout d'un coup : « Y'a de quoi péter un câble j'ai trouvé une arête dans la viande ! »

14.5-14 : On joue tous les deux. Je mets un petit coup sur sa tête pour rigoler.
« Aïe, tu vas me casser la fontanelle ! »

14.5-15 : On est aux sardinades et elle suit la demi-finale de l'Euro 2016 sur son téléphone. « L'Allemagne a eu un carton jaune. »
M : « Ça veut dire quoi ? »
J : « J'en sais rien mais ça à l'air pas bien... »

14.5-16 : À l'hôtel : « Combien de temps on reste ici avant d'aller manger ? »
P : « Une demi-heure. »
J : « Non, une heure (elles veulent continuer à dessiner). »
P : « Quand tu seras chef de famille tu décideras. »
J : « Mais je suis chef de famille ! »
T : « Et moi je suis son assistante ! »

14.5-17 : « Je sais pas essuyer une table. » (en fait elle avait surtout pas envie de l'essuyer)

14.5-18 : « Moi je suis économique, j'aime pas les truffes. Par contre j'aime les truffes au chocolat. »

14.5-19 : Jeu de mots. Elle dit : « Demain on va à Noailles » (la station de métro, pour son cours d'anglais) et elle chante « I don't know why » (« Noailles ») (paroles de Trailer Hitch de Christian Bush)

14.5-20 : On revient de manger à la cafétéria de mon travail. Elle a le hoquet. On rentre dans le bureau où il y a la climatisation.
« Mon hoquet s'est arrêté je crois que c'est la différence de température. »

14.5-21 : « Moi je suis constipée, ça rime avec disciplinée. »
T : « Moi je suis diarrhéique, ça rime avec bordélique. »

14.5-22 : P : « Vous voulez jouer au Trivial Pursuit sur la PS4 ? »
« Non, j'ai envie de jouer à quelque chose d'un peu violent. »

14.5-23 : À sa sœur sur le canapé : « Arrête de me griffer avec tes doigts de pieds crochus dégueulasses ! »

14.5-24 : M : « Quand vous jouez tous les trois (à Rocket League, un jeu sur PS4) je suis exclue ».
P : À Jennifer : « Tu crois qu'on pourrait lui apprendre à jouer à Maman ? »
J : « Ben oui c'est un humain normal ! »

14.5-25 : Elle veut jouer au combat avec moi :
« Viens je te mets un crochet ! »
« Mets le muscle ! » (force pour ne pas avoir mal)

14.5-26 : « On prend le petit déjeuner à l'hôtel demain ? »
P : « Oui. »
J : « Et l'autre demain ? » (le surlendemain)

14.5-27 : Chez Bras (le restaurant), en train de manger de la lotte : « On dirait pas du poisson, c'est bon en fait ! » (elle dit souvent qu'elle n'aime pas le poisson).

14.5-28 : P : « Il a plu cette nuit pendant qu'on dormait à l'hôtel, mais je n'ai rien entendu. »
« Je sais pas comment t'a fait pour pas entendre on dirait qu'il y avait une rivière qui pleuvait du ciel ! »

14.5-29 : « Le psychologue arachnidal » (la psychologue qu'elle doit aller voir pour soigner sa phobie des araignées)

14.5-30 : Elle a trois téléphones dans la main. Elle me les montre et me dit : « Regarde, je fais du pickpocket ». (je suis un pickpocket)

14.5-31 : On est en train de faire un livre photo en ligne.
P : « Cette photo ne la mets pas elle est pas horizontale. »
J : « Mais c'est pas de ma faute, quand je l'ai prise elle était horizontale. »

14.5-32 : Elle pose une question sur quelque chose dont on vient à peine de parler dans la voiture.
P: « On vient juste de le dire. »
J : « J'ai rien entendu vous criiez. »

14.5-33 : À Antibes, on va aller à Antibes Land : « Moi, j'aime pas la fête foraine. »

14.5-34 : T : À sa sœur : « Ça pue des pieds. »
J : « Non, ça sent pas la puanteur du fromage, ça sent juste que j'ai chaud. »

14.5-35 : Maman lui demande de lui prêter sa brosse à cheveux.
« Non, je crains des cheveux ».

14.5-36 : « Quand tu as pris du chocolat à 99% c'était l'amertitude intense. »

14.5-37 : À sa sœur : « Tu es fatiguée de nature. » (de naissance)

14.5-38 : Dans la voiture, en balade :
« J'arrive pas à dormir, ça m'énerve ».
P : « La voiture c'est pas fait pour dormir, à ton âge on regarde le paysage, on dort pas. »
J : « Si, comme ça ça m'occupe... »

14.5-39 : Maman recule avec la voiture et lui demande d'enlever sa tête. « Quoi qu'est-ce qu'elle a ma tête, elle est mince ma tête ! »

14.5-40 : Au restaurant indien : « En fait, le Kiri c'est indien parce qu'ils en mettent partout ! »

14.5-41 : P : « Combien il y a de gigas dans un tera-octet ? »
J : « Mille. Il y a méga, giga, tera, et après année-lumière... »

14.5-42 : Elle touche un savon à la savonnerie. Il est un peu gras.
« Tiens, c'est comme les pieds de Léo. » (son petit cousin encore bébé)

14.5-43 : Elle vient de se coiffer. « J'ai une crinière. Je suis « criniéreuse ». »

14.5-44 : Elle est allongée sur le canapé.
« Je suis ensuquée. Je suis ensuquée comme une mouche dans du miel... »

15 ans

15-1 : En jouant à Rocket League : « J'ai arrêté le but il était rentré dans la ligne ! »

15-2 : À sa mère : « Tu es surprotectrice ! »

15-3 : En parlant d'une copine :
« Elle fait du judo. Elle est ceinture la dernière avec épingle je sais pas quoi. » (Voilà qui est précis !)

15-4 : Elle chante une chanson à l'approche de Noël : « Let it slow, let it slow, let it slow ! » (Let it snow !)

15-5 : « Je suis surbouclée » (surbookée)

15-6 : « Oh non, on va encore manger en mode clodo… » (faire un pique-nique n'importe où)

15-7 : Elle descend les escaliers en criant joyeusement : « Ouais ! J'ai envie de faire caca ! » (elle est souvent constipée).

15-8 : Elle est en train de finir sa souris d'agneau.
M : « Donne-moi ton os. »
J : Presque énervée : « Mais ça va pas il reste de la viande dessus ! »

15-9 : Elle s'est faite appeler pour son anniversaire mais n'avait pas son portable sur elle.
Dans la voiture, on lui demande de rappeler.
« Non, j'aime pas appeler dans la voiture. » (elle a honte de parler au téléphone devant nous)

15-10 : Assise sur le canapé, elle se touche le pied nu depuis un moment et finit par dire : « Papa, j'ai un os surélevé ! » (légèrement proéminent)

15-11 : Après avoir discuté avec son allergologue et échangé ensemble sur le fait qu'elle n'avait pas trop le sens de l'humour, nous rentrons tous les deux en voiture. Tout d'un coup, elle s'exclame : « Papa, j'ai de l'humour. » (le point à la fin de la phrase est important, car elle a fait cette phrase d'un ton complètement froid et monocorde). Elle se justifie ensuite en disant qu'elle fait rire ses copines, mais que elle ça ne la fait pas rire.

15-12 : Elle me raconte qu'elle a expliqué à une copine les puissances de dix, l'écriture scientifique et les préfixes kilo, méga…
Cette dernière était si contente d'avoir compris qu'elle a appelé sa mère au téléphone et lui a dit : « Maman, je sais tout sur l'univers ! »

15-13 : « Moi j'ai pas besoin de lunettes ».
T : « Pas du tout toi tu es oculaire ! »

15-14 : Elle me montre son pied : « Papa, j'ai la lèpre ! »

15-15 : « Je suis hyper laxe des doigts de pied » (souple)

15-16 : Elle et sa sœur viennent de faire la crèche de Noël. Elle râle parce qu'on a posé nos portables dessus : « Ça m'insupporte que vous mettiez vos téléphones portables dans la crèche ! »

15-17 : M : « J'ai acheté du Coca Zéro à Destock, il était pas cher. »
P : « Oui, mais il est périmé. » (en plaisantant)
M : « Non, il va jusqu'à la fin du mois ! »
J : « La fin du mois c'est dans un jour… »

15-18 : Au marché de Noël, dans un châlet de bijoux, elle voit un os argenté en pendentif avec écrit dessus : « César - 06 76 45 65 98 ».
Elle me demande, pour vérifier : « C'est bien pour les chiens, hein ? »

15-19 : « Dormir ça me fatigue. Au sens figuré. »

15-20 : « Dans les jeux vidéo, tout est possible. À partir de maintenant, dans les jeux vidéo, je suis ton père. »

15-21 : « Tu sais que j'ai des palpitations du doigt ? » (son surnom est « symptôme »)

15-22 : Je rentre dans la chambre alors qu'ils discutent entre jeunes chez notre ami David : « N'allume pas sinon on meurt des yeux. »

15-23 : « Ce qu'il y a de bien c'est qu'on est polyvalentes : On met deux heures pour choisir des vêtements dans une boutique et on aime se maquiller mais on joue aussi au jeu de foot sur la PS4. »

15-24 : « Touche mes pieds comme ils sont chauds. J'ai les pieds radiateur. »

15-25 : « Des fois j'ai mal aux cils. » (symptôme)
Ou encore :
15-26 : « Mon œil il va exploser. » (elle a une petite inflammation à l'œil)

15-27 : « Les chinois ils sont nombriliques. » (nombrilistes)

15-28 : À Barcelone, elle voit un magasin de vêtements avec écrit en gros sur la devanture « Are we running today ? ».
J : « Il s'appelle comme ça le magasin ? »
P : « Non, regarde au dessus... » (l'énorme symbole Nike)

15-29 : P : Avant le départ du train de retour de Barcelone : « Vous voulez regarder un Harry Potter ? »
J : « Oh non, c'est trop long... » (il y a plus de quatre heures de train...)

15-30 : P : « Flappy (notre deuxième chien) il commence à être vieux... »
J : « Non, il est pas vieux il a les babines roses ! »
T : « Il a même pas la moitié de son âge ! » (Il peut vivre encore deux fois plus vieux)

15-31 : On est en train de regarder Lego Jurassic World : « Mais comment ils font pour faire bouger les personnages sans qu'on voie les mains ? » (c'est en images de synthèse)

15-32 : Elle me montre sa culotte déchirée sur le devant : « J'ai inventé le « mounikini » »

15-33 : « Je suis pas pressée pour faire ça. J'ai tout le temps de la vie. »

15-34 : À mon bureau : « Tu as dit bonjour à Sylvie ? » (notre assistante)
J : « Oui, j'ai souri. »

15-35 : Je lui dis d'enlever sa doudoune pour qu'on voie sa robe sur les photos de la profession de foi de sa sœur pour faire la photo de famille (dans la salle).
J : « C'est pareil. »
P : « Non c'est pas pareil ! »

15-36 : Elle tousse : « Je m'étouffe à cause du soleil. »

15-37 : « Aujourd'hui les élèves sont plus intelligents que vous à votre époque. »

15 ans et demi

15.5-1 : P : « Tu as pensé à donner à manger au chien ? »
J : « Non il m'a pas demandé c'est qu'il a pas faim. »

15.5-2 : Elle est malade et elle est très mauvaise malade.
P : « Bon ça va tu n'es pas aux portes de la mort non plus… »
J : « Si ! »

15.5-3 : « J'aime bien gratter les gens je suis grattophile. »

15.5-4 : En voyage : « On peut faire un truc attractif ? » (quelque chose d'intéressant (pour les enfants))

15.5-5 : « Si j'ai la moyenne en français, on va au resto ! »
P : « C'est toi qui paye ? »
J : « Non. »

15.5-6 : Au restaurant (même pas à volonté) : « C'est hyper fatiguant de manger quand t'as plus faim. » (À la fois drôle et triste quand on pense qu'il y a sur terre des gens qui meurent de faim)

15.5-7 : « Les canards ils ressentent l'amour. »

15.5-8 : « Vous savez que le jus d'orange ça fabrique de la salive ? »

15.5-9 : Je n'ai pas réservé le restaurant et il n'y a plus de place.
« Je te l'avais bien dit, il fallait réserver. J'ai toujours raison. »
P : « Ah oui et quand tu as tort alors ? »
J : « Ben quand j'ai tort, j'ai raison. »

15.5-10 : Au parc ornithologique en Irlande, elle fait une découverte : « Mais ça vole un canard ? »

15.5-11 : « Moi ce que je crains le plus c'est le papier ponce. » (mélange de pierre ponce / papier de verre)

15.5-12 : « Je vais changer de culotte celle-là elle est trop décolletée. »

15.5-13 : Elle me récite sa leçon :
« L'humanisme, il est né en Italie... Et puis.. Qu'est-ce qu'il a l'humanisme déjà ? »

15.5-14 : « J'aime bien éceuiller des œufs, c'est détendant. » (j'aime bien écaler des œufs, ça détend)

15.5-15 : À Sm'Art l'expo d'art moderne à Aix : « Moi ça m'endort l'art... »

15.5-16 : Je lui dis qu'on va aux Pennes-Mirabeau à la fête médiévale. Il fait un temps magnifique.
« Il fait froid là où on va ? » (c'est à dix kilomètres)

15.5-17 : Des « ramdoulis » (des musulmans)

15.5-18 : « C'est hyper bon mais je déteste tellement j'ai plus faim. »

15.5-19 : « Vite c'est la gélation ! » (j'ai froid il faut vite rentrer dans la voiture) .

15.5-20 : Dans une piscine : « Vite il faut que je me mouille la tête je suis en hypothermie de la tête. »

15.5-21 : « Je vais mettre mon maillot à charger. » (à sécher)

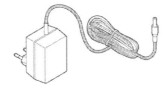

15.5-22 : P : Pour plaisanter : « Tu me fais un café ? »
J : « Non, j'ai tué une araignée. »

15.5-23 : « Ils sont où mon maillot ? » (il était 23h passées)

15.5-24 : Elles font la cuisine pour l'anniversaire de Maman :
« Aujourd'hui on colonise la cuisine on est des « cuisinadors ». »

15.5-25 : Un ami nous raconte qu'il est tombé en Irlande sur une vente aux enchères de poneys.
« Pour manger ? »

15.5-26 : « Je suis pas bien. J'ai froid. » (il fait trente degrés)
« J'ai froid mais j'ai chaud à la tête. »

15.5-27 : « J'ai le bras il sent la viande grillée. »

15.5-28 : Dans la voiture, le GPS dit « Vous êtes sur l'itinéraire le plus rapide. »
« Quoi ? On est sur l'itinéraire de Peppa Pig ? »

15.5-29 : À Cucuron, village un peu éloigné de la ville.
« Mais comment ils font les gens pour faire les soldes ? »

15.5-30 : Elles font de l'hoverboard : « C'est hyper bossu ici ! » (bosselé)

15.5-31 : Elle imite le cri du cochon qui crie. J : « Je suis un cochon-dindon. » (cochon d'Inde). Et aussi car elle dit souvent : « Je suis un dindon. » (après avoir imité le cri du dindon)

15.5-32 : P : « Quand j'étais petit, je croyais que la pointure c'était la longueur du pied en centimètres. »
J : « Ah bon, c'est pas ça ? »

15.5-33 : Au dessert au Moulin de la Sambuc :
« C'est tellement bon que ça m'écœure. »

15.5-34 : « Les soldes c'est la vie. »

15.5-35 : « Quand je mange des fruits j'ai du mucus qui se crée. » (de la salive)

15.5-36 : « Moi j'aime trop créer de nouveaux trucs ! » (c'est une zébrule ! ;-) Voir « Un Zèbre Dans Un Jeu De Quilles »)

15.5-37 : « Choubi t'es idolâtré ! » (Choubi c'est le surnom de Flappy (« bichou » à l'envers))

15.5-38 : Elle mange un morceau de cheesecake au restaurant :
« C'est tellement sucré que c'est acide. »

15.5-39 : « Mon pet il sent les toilettes publiques. »

15.5-40 : « Les soldes c'est sportif : tu parcours le centre commercial de long en large en travers, tu lèves les bras pour chercher les prix et tu portes le sac ça fait haltères… »

15.5-41 : Je lui raconte une blague.
Elle ne rit pas mais se justifie : « J'ai le sens de l'humour mais ça me fait pas rire. »

15.5-42 : A sa sœur : « Arrête de te mordre les lèvres ! »
T : « Je me mords pas les lèvres je mâche mes dents ! »

15.5-43 : « Les brosses à dents électriques ça fonctionne bien après t'as plus de calcaire sur les dents. »

15.5-44 : « Papa touche mon ventre comme il est dur ! »
P : « C'est pas des abdos tu fais jamais de sport ! »
J : « Non c'est pas des abdos c'est mon caca d'une semaine ! »

15.5-45 : On est en train de monter le barbecue ensemble :
« Il est où le journal d'explication ? » (la notice)

15.5-46 : « Je fais pas ça pour les prunes ! » (pour des prunes)

15.5-47 : « Je me suis fait saigner jusqu'au sang. » (gratté jusqu'au sang)

15.5-48 : « La diarrhée a désaggravé ma constipation. »

15.5-49 : « C'est où la Bretagne, c'est en Pyrénées ? »
Et dans le même genre :
15.5-50 : « C'est où le pays Basque, c'est en Belgique ? »

15.5-51 : Dans un magasin : « Il fait hyper froid ici j'ai les bras qui s'hérissent. » (les poils)

15.5-52 : À Aqualand : « J'ai les fesses hérissées. » (j'ai la chair de poule aux fesses)

15.5-53 : On est dans la voiture et je n'ai pas mis la musique.
« Y'a pas de musique c'est nostalgique. »

15.5-54 : Pour tester Tiffany, je lui demande :
P : « La vengeance, c'est un plat qui se mange...
T : « Cru ! » ;-)
J : « Froid ! »
P : « C'est bien ! »
J : « Ah c'est vrai ? Moi aussi je croyais que c'était « cru » ! »

15.5-55 : « J'ai mâché tellement fort que mon oreille elle s'est débouchée ! »

15.5-56 : Elle me dit : « Toi t'es un enfant ! » (c'est un compliment pour moi)

15.5-57 : « Avoir la mention au Bac c'est noble » (ça fait classe)

15.5-58 : Sa mère la sert à table : « C'est la portion pour les chihuahuas ? » (une petite portion)

15.5-59 : Pendant les vacances d'été : « J'suis paumée là... On est en juillet ou en août ? »

15.5-60 : « C'est quoi le féminin de « les » ? »

15.5-61 : Au restaurant : « Moi je prends menu du marche. » (du marché)

15.5-62 : Elle a des allergies : « J'ai un volcan dans le nez ! »

15.5-63 : « Je le mange (bois) avec quoi le comprimé ? »

15.5-64 : À la fin du repas : « J'ai besoin de chocolat. »

15.5-65 : « Jennifer est belle comme un cœur et sent aussi bon qu'une fleur ! »

15.5-66 : À Toulouse : « Ça se visite comme ville ? »
Et aussi :
15.5-67 : « Gaumont ! (le cinéma) Ça existe ici ? »
Toujours à Toulouse :
15.5-68 : Jeu de mots : « Toulouse c'est la ville des nuls. » (To lose en anglais : perdre)

15.5-69 : « J'ai du ketchup collé au bras : c'est tellement collé que ça devient moi. »

15.5-70 : Elle se fait cuire un œuf.
M : « Fais le bien cuire c'est pas un œuf de poule... » (elle voulait dire un œuf « bio »).
J : « Non, c'est un œuf de girafe ! »

15.5-71 : Elle se met un bout de mouchoir dans le nez.
Sa mère lui demande ce qu'elle fait.
« Je coagulise la morvelle. »

15.5-72 : « Ils sont bizarres ces escaliers. »
P : « C'est parce que c'est une échelle. »

15.5-73 : P : « Toi qui es une grenouille de bénitier (qui crois en dieu), c'est quoi le 15 août ? »
J : « Mardi. » (réponse attendue : l'assomption)

15.5-74 : À Amélie-les-bains, dans un bar-pizzeria étrange :
« Ils auraient dû l'appeler « Bizzareria » ».

15.5-75 : Au restaurant :
« Venez on parle j'ai plus de batterie. » (de portable, Maman, Tiffany et moi étions en train de faire du téléphone en attendant nos plats)

15.5-76 : En vacances à la montagne, à une sardinade :
« Une sardinade c'est à la mer. » (cette affirmation gratuite a donné lieu à une longue discussion.)

15.5-77 : « L'eau elle fuit il y a un problème de colonisation. » (canalisation)

15.5-78 : On passe dans un rond-point où un immense tube métallique rempli de chiffres est planté en son milieu. Il y a aussi des chiffres tout le tour du rond point, et l'ombre du tube marque l'heure.
P : « C'est un cadran solaire géant ! »
J : « Et ça tourne ? »

15.5-79 : « Je crois que je me suis cassé la cuisse. » (symptôme encore)

15.5-80 : Dans une boutique, elle me montre une petite trousse de voyage avec ciseaux, coupe-ongle, etc...
P : « C'est bien pour le voyage ! »
J : « Pour le mariage ? »
P : « Non, pour le voyage ! »
J : « Pour le péage ? »
P : « NON POUR LE VOYAGE ! »

15.5-81 : « J'ai la cuisse tellement musclée qu'elle me fait mal ! »

15.5-82 : Elle essaye d'utiliser une salière avec laquelle il faut moudre le sel mais n'y arrive pas.
Elle me demande comment faire. Je la regarde s'en servir et lui dis :
P : « Il faut enlever le bouchon... »

15.5-83 : « Il y a des petits os dans les légumes ? J'ai l'impression qu'il y en a... » (elle trouve toujours des choses dans la nourriture.)

15.5-84 : Elle rote à table.
P : « On rote pas à table ! »
J : « C'est pour adoucir l'ambiance... » (on venait d'avoir une conversation un peu animée)

15.5-85 : P : « Qu'est-ce que ça veut dire vitrus en latin ? »
J : « Virilité. »
Entre temps, j'ai cherché sur Internet et lui dis :
P : « Non c'est vertu ! »
J : « Oui c'est ce que je disais ! »
P : « ?!?! »

15.5-86 : Elles viennent de jouer à la balle avec les dauphins au Marineland :
J : « Ils sont super gentils les dauphins. C'est les chiens de la mer. »
T : « Oui, des dau-chiens... »

15.5-87 : Elle se perce un bouton sur le nez : « Je viens de m'assassiner la narine. »

15.5-88 : « J'ai recroquevillé le rétroviseur de la voiture. » (rabattu)

15.5-89 : « Quand on respire quelque chose de gras, on grossit ? »

15.5-90 : On mange du riz cantonnais.
T : À sa sœur : « Arrête, ne prends pas mes lardons ! »
T : « Arrête ! »
J : « Tu m'as pas dit de pas te prendre tes œufs ! »

15.5-91 : « Papa comment tu détruis la table ? »
(comment tu la démontes)

15.5-92 : À son chien : « Reptile ça va mon amour ? »

15.5-93 : « Häagen-Dazs c'est hyper-grossissant. »

15.5-94 : « C'est quoi ce chien c'est un mastic ? » (un
mastiff)

15.5-95 : « Vite, il y a du réseau (mobile) on fait de la
réseauification ! »

15.5-96 : P : Au spa : « Jennifer tu fermes la porte du
vestiaire. »
J : « Moi je sais pas fermer avec une clé. »

15.5-97 : Après son premier massage : « Je suis
amollie. »

15.5-98 : M : « Tu as pas répondu à ma question tu es
sourde ou quoi ? »
J : « Je suis pas sourde je suis sélective à la réponse. »

15.5-99 : Le premier soir des premières vacances depuis la rentrée : « J'ai pas envie d'être en vacances... »

15.5-100 : Elle goûte du saké : « J'ai l'impression de manger du Biseptine. »

15.5-101 : « Ma petite cousine m'a appelée au téléphone mais j'ai compris que la moitié parce qu'elle avait son fort accent de petite fille... »

15.5-102 : Elles ont fait des macarons...ratés. Elle commente : « C'est des macarons qui ont une malformation osseuse. »
Et encore :
15.5-103 : « Pour réparer le macaron je le colmatifie tellement il est mou. »
Et toujours à propos des macarons :
15.5-104 : « Ça les a durcifiés. »

15.5-105 : Aux toilettes à l'hôtel : « Maman, tu peux me donner quelque chose à lire ? »

15.5-106 : « Je veux pas apprendre cette chanson (en anglais) il y a trop de mots dedans ! »

15.5-107 : « J'aimerais retourner en Thaïlande mais en bateau. » (elle n'aime pas l'avion)

15.5-108 : « Les poissons panés c'est meilleur que la daurade. » (et surtout il n'y a pas d'arêtes)

15.5-109 : « J'ai un aphte nasal. »

15.5-110 : « Cette phrase est fantabuleuse. » (mélange de fantastique / fabuleuse)

15.5-111 : Maman les prend en photo et tarde à appuyer sur le déclencheur : « Bon ça y est là on va décéder des yeux... » (elles ont le soleil en face)

15.5-112 : À Disneyland : « Le train de la mine c'est bondé de ouf. » (il y a plein de monde)

15.5-113 : « Ils ont craqué leur slip. » (ils ont pété un câble / ils exagèrent)

15.5-114 : Au restaurant à Disney :
P : « Pour ton anniversaire, il va y avoir la musique. Tout le monde va te regarder... »
J : « C'est la gênance ! » (la honte)

15.5-115 : « Tu me fais une crêpe ? Avec du Nutella mais pas trop, juste une cuillère à soupe pas trop remplie. »

15.5-116 : « C'est quoi le contraire de honnête ? »
P : « Tu en as encore des questions comme ça ? »
J : « Déshonnête ça se dit ? »
P : « Non, maisonette... »

15.5-117 : « Cette viande, je trouve qu'elle a le goût d'olive, tiens, goûte ! »
P : « Ah oui, c'est vrai ! »
J : « Tu as vu, j'ai une fine bouche ! » (j'ai le palais fin)

15.5-118 : Elle se lève avant le dessert d'un repas un peu trop conséquent pour aller aux toilettes.
De retour elle dit : « Ma capacité estomale vient d'augmenter... »

16 ans

16-1 : « C'est le silence radar. » (radio)

16-2 : M : « Lave toi les mains tu as touché les sous. »
J : « C'est pas sale un billet. »

16-3 : « J'ai un bouton crânien. »

16-4 : « Heureusement que vous vous êtes mis ensemble avec Maman, j'aurais pas aimé ne pas naître… »

16-5 : « S'il y a du vent pour le vide-grenier, c'est autant pire que la pluie. »

16-6 : « Rire c'est trop important ça permet de mincir. »

16-7 : « Mon doigt il respire : je sens le battement de mon cœur dans le doigt. »

16-8 : Sur le canapé : « Je suis faible… » (elle est ado)
M : « Va te coucher alors ! »
J : « J'ai pas dit que j'étais fatiguée, j'ai dit que j'étais faible… »

16-9 : On joue au baccalauréat.
Elle me demande : « Tu as combien de points ? »
P : « 25. »
J : « 24. »
P : « Ça veut dire que j'ai gagné. »
J : « Non, ça veut dire qu'on a pas fini de jouer. »

16-10 : En 1ère S : « Racine de 1, c'est 1 ? Ah oui ? »

$$x = \frac{-b \pm \sqrt{b^2 - 4ac}}{2a}$$

16-11 : « Si je suis vétérinaire, je soigne pas les mygales. Mais c'est pas grave y'a aucun gens qui a des mygales. »

16-12 : « Le sable c'est du sel. »

16-13 : « Regardez, j'ai mangé propre ! » (elle mange souvent salement)

16-14 : « Un pou ça prend pas de x ? Non !? »

16-15 : M : « Si on a offert des chocolats à Papa, je vais pas les manger moi. »
J : « Nous oui par contre. »

16-16 : Après une conférence sur l'espace :
« Quoi ? Le mec il est allé jusqu'à la lune et il a même pas marché ? » (Michael Collins). « Moi je vais sur la lune je pousse tout le monde sur l'échelle pour marcher en premier ! Mais tu le fais pas toi ? »

16-17 : À Maman : « Combien tu vas donner de pourboire au livreur de pizzas ? »
M : « Un euro. »
J : « Tu pourrais lui donner deux euros... »
P : « Toi tu es généreuse avec l'argent des autres… »
J : « C'est déjà bien il y en a ils sont même pas généreux avec l'argent des autres ! »

16-18 : À table :
M : « Tu en veux encore ? »
J : « Non merci. Mon ventre il en veut encore mais mon cerveau non. » (elle fait attention à sa ligne)

16-19 : « Il faut absolument acheter des congelés, il y en a plus. » (des surgelés)

16-20 : « David Crockett » (Davy Crockett)

16-21 : « C'est pas normal d'être gaucher. On écrit de gauche à droite. »
P : « Et les arabes alors ils sont tous gauchers ? »
J : « Ben oui. »

16-22 : M : « Ne donne pas à manger au chien à table. »
J : « C'est pas un chien, c'est un frère. »

16-23 : À sa mère : « Quand tu fais de l'humour, ça sonne mal dans la tête. »

16- 24: « Le saucisson dans la raclette, j'en ai besoin ! »

16-25 : P : « Ça veut dire quoi annihiler ? »
T : « Annuler. »
J : « Enlever l'eau ? »

16-26 : P : « Cette crèche le santonnier il a mis deux mois pour l'installer, tu te rends compte ? »
J : « Moi je mets moins... »

16-27 : M : « Tu es malade et tu manges du chocolat ?! »
J : « Je pensais que ça allait me guérir... »

16-28 : J'amène à table une assiette bien remplie :
« C'est le caloricisme ! C'est comme le clacissisme, mais pour les gros. »

16-29 : « Papa ! Papa ! »
P : « Oui, quoi ? »
J : « J'aime le sport ! » (elle n'est pas sportive du tout)

16-30 : « Moi c'est sûr je meurs de faim avant de mourir de soif... » (on aime bien manger)

16-31 : Au restaurant :
T : « Elle est pas mal cette mayonnaise piquante... »
J : « C'est de la moutarde... »

16-32 : « Chutez-vous » (taisez-vous)

16-33 : P : « Quel est le poisson assimilé à de la viande rouge ? » (réponse attendue : le thon)
J : « Le canard ! ... Ben quoi il vit dans l'eau c'est presque ça ! »

16-34 : P : « Demain on se souhaite bonne année. Pourquoi on ne se souhaiterait pas bon nouveau jour tous les jours ? »
J : « Ça existe c'est « bonjour » ! »
P : « ... »

16-35 : « C'est la praticité aigüe ! » (ironie pour dire que le plan de travail est mal rangé)

16-36 : « Papa, la purée c'est grossissant ? » (ça fait grossir ?)

16-37 : « Regarde, je suis anorexique des poignets... » (j'ai les poignets fins)

16-38 : En parlant d'un animal : « Il est trop dam » (d'amour : il est beau)

16-39 : A sa sœur : « Qu'est ce que tu as mangé ?? »
T : « Rien ! Sens mon haleine ! »

16-40 : « Flappy il est tellement beau que même moi j'estime que je suis moins belle que lui. »

16-41 : « Hier j'avais tellement chaud que je voulais me mettre en t-shirt de peau. » (en maillot de corps)

16-42 : Sa sœur est en train de regarder une de nos vidéos de famille.
T : « Oh la petite souris elle est mignonne ! »
J : « En plus c'est pas cher elle coûte un euro ! »

16-43 : P : « Ça veut dire quoi « aux antipodes » ? »
J : « Ben c'est les escargots, tout ça... » (gastéropodes)

16-44 : « Moi je pèse normal. » (j'ai un poids normal)

16-45 : P : « Tu te souviens de Sète ? »
J : « Non, c'était où aux États-Unis ? »

16-46 : P : « C'est quoi un ramoneur ? »
J : « C'est celui dans les mines. »

16-47 : En 1ère S : « J'ai 14,58 de moyenne générale. C'est nul. »

16-48 : P : « C'est quoi le speck ? »
J : « C'est du jambon cru cuit. »

16-49 : M : « On va peut être devoir t'enlever la dent de sagesse. »
J : « Mais j'ai peur des dents ! En plus je vais même pas être endormie général ! » (avoir une anesthésie générale)

16-50 : Elle fait la conduite accompagnée : « Pour faire la marche arrière il faut mettre la main sur le siège passant. » (passager)

16-51 : « J'ai pas si tort que ça… »

16-52 : « Ça existait le micro-ondes quand vous êtes nés avec Maman ? »
P : « Non. »
J : « Aah, vous êtes vieux ! … Non tu plaisantes ? »

16-53 : « Y'a un gens. » (il y a une personne dans la file d'attente)

16-54 : « Oh regarde il a neigé chez les pompiers ! »
P : « Il a pas neigé c'est de la neige carbonique… »

16-55 : « Si un chien aime pas quelque chose, c'est que c'est pas bon, non ? »

16-56 : « Le DJ il mixe sur des plaques tectoniques. »

16-57 : « The Voice c'est bien mais c'est saoûlant. »

16-58 : « J'ai grossi de la tête. »

16-59 : « Les nouvelles voitures ça me donne envie de vomir. » (à cause de l'odeur)

16-60 : « Canin (Flappy), tu es pire que beau... »

16-61 : « C'est quoi la voiture devant ? »
P : « Une Mercedes. D'ailleurs, comment ça s'appelle leur sigle, je me souviens plus... »
J : « Peace and love ? »

16-62 : En 1ère S : « Une décennie c'est dix ans ? Sérieux ? »

16-63 : « Moi je suis pas du tout poissonivore. » (je n'aime pas le poisson)

16-64 : « Moi j'aime de manière très léger. » (pas trop (c'était du sel à la truffe))

16-65 : « Je préfère m'occuper des animaux ils sont tous hyper-sympas. » (plutôt que de faire médecin)

16-66 : Elle mange avec les doigts : « J'aime pas manger avec la fourchette, c'est trop habituel... »

16-67 : M : « Si tu te fais piquer par une vipère c'est dangereux. »
J : « D'abord elle pique pas elle mord... »

16-68 : « Moi je mange du sucre pas gras. » (édulcoré)

16-69 : Au restaurant chinois : T : « Les boulettes de fromage elles ont le goût de toilettage ! »
J : « C'est normal, il y a la SPA à côté ! » (Ozen à La Valentine)

16-70 : On a fêté le nouvel an chinois. « C'est trop bien, on devrait fêter le nouvel an de tous les pays. »
P : « Ben ça en ferait pas beaucoup. »
J : « Ben ça en ferait plus (+) que un. »

16-71 : En rentrant des courses : P : « Pourquoi tu as pas pris le sac ? »
J : « Je pouvais mais j'avais plus de mains. »

16-72 : Elle me dit : « J'ai pas besoin de toi. » (ces ados !)

16-73 : « Moi j'ai beaucoup d'humour. » (dit sur un ton monocorde et sans plus de détails)

16-74 : À sa sœur : « Tu me fais goûter ton dessert ? »
T : « Non, tu vas prendre ce que tu préfères. »
J : « Non, tout ! »

16-75 : P : « Oh regarde cette peinture en trompe-l'œil comme elle est bien faite ! »
J : « Ben moi elle me trompe pas. »

16-76 : « Je marche en ligne droite (je coupe) : c'est scientifique comme marche. »

16-77 : Dans un aquarium : « Le poisson il s'est piqué au cactus (à l'oursin) il est parti en courant ! »

16-78 : « Papa c'est grave si je coupe la dégélation ? »
(si j'arrête la décongélation du micro-ondes)

16-79 : « Moi j'ai minci avec les Grands Buffets. »

16-80 : À table : P : « Jennifer, mon pied... »
J : « Ah c'est ton pied ? Je croyais que c'était la table qui bougeait... »

16-81 : « Donne-moi du forlax. (son médicament contre la constipation). Même sans eau je le prends anhydre... »

16-82 : « Mais on va faire quoi à la fête foraine ? »

16-83 : « J'ai un gros trou de mot là... » (de mémoire)

16-84 : En sortant du restaurant en hiver : « Je me suis gelée puissant : indigestion ventrale. »

16-85 : Elle n'arrive pas à ouvrir la voiture avec la télécommande de la clef : « Je suis faible du doigt. »

16-86 : P : « Comment on appelle le blanc d'œuf ? »
J : « Le liquide amniotique ? » (l'albumine)

16-87 : « Ma cousine j'ai tout le temps envie de lui faire des bisous. C'est la choutitude. »

16-88 : « Ce dessert il est périmé. Le flan il est moins flan. »

16-89 : « Mon grain de beauté il est tarpin chelou. »
(très bizarre (louche en verlan))

16-90 : « Il est facile à fonctionner ce micro-ondes ? »

16-91 : Elle me montre un morceau de pâté : « Regarde la lisseur, c'est parfait. » (comme il est lisse)

16-92 : P : « Jennifer c'est l'heure. »
J : « Je sais j'ai été retardée par mon ventre... » (elle a mal au ventre)

16-93 : Elle fait la conduite accompagnée avec nous : « J'ai peur j'arrive pas à défixer la route... » (à quitter la route des yeux)

16-94 : Je prends une photo d'un chevalier dans une fête médiévale et lui dis :
P : « Regarde il y a rien dans cette photo qui dit qu'on est pas dans le passé. »
J : « Ben si la photo en couleur... »

16-95 : « La prochaine fois je prends mes lunettes de soleil : Je suis en train de cramer des yeux, du coup je crame de la tête. »

16-96 : « La glace elle est tellement froide qu'elle me brûle les dents. »

16 ans et demi

16.5-1 : « Le conducteur d'avion » (le pilote)

16.5-2 : P : « Donne-moi un métier en E. »
J : « Endoctrinologue. » (mélange d'endoctriner / endocrinologue)

16.5-3 : « Maman, j'ai une torsion de la veine ! »

16.5-4 : « L'alcool ça me transperce la tête. »

16.5-5 : « Le tramway j'aime bien on dirait que c'est pas réaliste. On dirait qu'il vole au dessus de la route... »

16.5-6 : « Ce moelleux au chocolat il est tellement bon ça me donne envie de sourire. Je suis trop contente. »

16.5-7 : « Le foot c'est comme la pêche : il se passe rien pendant un moment et tout d'un coup il y a un but ou un poisson et c'est la folie... »

16.5-8 : Elle conduit. « Tu as vu, j'ai pas coupé le feu ! » (j'ai respecté le feu rouge)

16.5-9 : « J'aime pas me balader, je comprends pas à quoi ça sert... » (elle est ado rappelons-le)

16.5-10 : Elle conduit. « Elle est trop bien cette route tu sens beaucoup moins le bruit. »

16.5-11 : Elle s'est souvenue du code du portail d'une amie. « J'ai un bon cerveau. »

16.5-12 : Après avoir joué longuement à la console : « Papa j'ai mal au doigt le joystick il m'a épuisé... »

16.5-13 : Elle me montre ses cheveux : « Regarde ma touffe, c'est dur à dompter... »

16.5-14 : « Cette montagne elle grimpe en chantilly... » (elle fait le geste)

16.5-15 : « Ça sent bon, mais un peu trop... »

16.5-16 : À Disneyland : « Ils ont fait une alerte fausse bombe. » (une alerte à la bombe)

16.5-17 : « Moi je fais pas beaucoup de sport mais quand je fais du sport je suis sportive... »

16.5-18 : « Moi si j'ai un enfant je lui apprendrai le mot iguane comme ça il connaîtra des animaux sophistiqués. »

16.5-19 : « J'ai le sourire tendu. » (elle est tellement fatiguée que quand elle sourit ça lui fait mal)

16.5-20 : En pique-nique : P : « C'est normal la cuillère par terre ? »
J : « Oui, je t'ai demandé de la ramasser... »

16.5-21 : « Ça me saoûle - c'est saoûlant. » (environ dix fois par jour)
Mais aussi :
16.5-22 : « J'ai la flemme. »

16.5-23 : « Je mange des légumes c'est pas grossissant. » (ça ne fait pas grossir)

16.5-24 : Il n'y a plus de ketchup au réfrigérateur : « Plus de ketchup égal crise du siècle. »

16.5-25 : Sa sœur s'allonge sur elle dans le lit.
« Je pèse plus lourd que Tiffany, mais comme je suis plus grande, mon poids il est plus reparti, donc je suis moins lourde qu'elle...Elle est plus dense que moi et donc elle m'écrase plus. »

16.5-26 : « Aujourd'hui en français on a fait un texte de Pascal. »
T : « Pascal qui ? »

16.5-27 : « Indiana Jones il avait un téléphone portable ? »

16.5-28 : « J'ai un visage concombre. » (allongé)

16.5-29 : Elle rentre de son bac de français. « Je me suis dépensée psychologiquement. »

16.5-30 : On vient de jouer au Trivial Pursuit.
« On peut faire une autre partie ? Je supporte pas d'être dernière, je vais me coucher mal… » (mal dormir)

16.5-31 : « Moi je sais pas comment j'ai fait mais un jour je me suis mordu la gencive. »

16.5-32 : Je lui propose d'aller à la fête de la musique avec nous mais elle n'a pas envie. J'argumente :
P : « Mais tu sais là où on va c'est pas un truc de vieux ! »
J : « Oui mais c'est avec des vieux ! »
P : « Ah oui… »

16.5-33 : « Tu as vu c'est bien rangé ! C'est tétrique ! » (de Tetris)

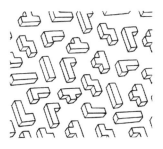

16.5-34 : « Au pire on s'en fout… » (effectivement…)

16.5-35 : « La bastille c'est à Paris ? Je croyais que c'était à Bordeaux… »

16.5-36 : Elle sort du coiffeur. « Je sens que j'ai la tête plus légère. »

16.5-37 : P : « C'est qui Gault et Millau ? »
J : « Celui qui a fait le pont ? » (le viaduc de Millau)

16.5-38 : « Sur quoi ça pousse le raisin ? Un raisainier ? »

16.5-39 : « Si on m'opère du nez on va m'endormir généralement ? » (me faire une anesthésie générale)

16.5-40 : « Les gens ils sont différents selon les gens. »

16.5-41 : « Légalitairement, ils ont pas le droit de faire ça. »

16.5-42 : Après une longue route sans pause : « Faire pipi, c'est magique... »

16.5-43 : T : « Comment ça s'appelle les chiens que les mamies elles ont ? »
J : « Caniche ! »

16.5-44 : Elle vient de se faire épiler : « Regarde mes jambes elles ont subi une dépréhistorisation »

16.5-45 : Je lui fais goûter du vin avec son fromage : « J'aime trop pas. » (vraiment pas)

16.5-46 : « Aux jeux de société, avec qui qu'on me mette, on gagne. » (je fais toujours gagner mon équipe)

16.5-47 : T : « J'ai l'impression que tous les magasins de coiffure il s'appellent Tiffany. »
J : « C'est normal tif ça veut dire cheveu. »

16.5-48 : « Moi quand il s'agit de bouffe j'ai aucune flemmardise... »

16.5-49 : Au centre-ville de Lausanne : « On fait quoi ici ? Y'a rien... »
Et aussi :
16.5-50 : « Lausanne, c'est pas une ville très visitative... »

16.5-51 : « J'aime trop dormir dans la voiture... »

16.5-52 : P : « Les Barbies c'est Mattel qui les fabrique. »
« Pour moi les Barbies elles sont fabriquées par Barbie. »

16.5-53 : « Des fois j'ai de la tension dans la langue. »

16.5-54 : « J'ai aucun assurage que quelqu'un vienne avec moi. » (je ne suis pas sûre)

16.5-55 : « Ma serviette (de plage) elle est longue à installer. »

16.5-56 : Elle conduit. Il y a la police derrière nous. « Imagine si je coupe le feu… » (si je grille le feu)

16.5-57 : « Je suis la plus prometteuse de cette famille. »

16.5-58 : « Le gouda c'est pays basquais ? » (des Pays-Bas)

16.5-59 : À la maison : « J'ai la flemme de regarder un film à quatre… » (je n'ai pas envie qu'on regarde un film tous ensemble)

16.5-60 : « Ranger c'est trop ma passion… » (elle est très ordonnée depuis toute petite)

16.5-61 : « Il y a un moustique qui court dans la cuisine. »

16.5-62 : Elle a la chair de poule. « Regardez, je suis un hérisson ! »

16.5-63 : À Fortnite, jeu de tir sur PS4 : « Vas-y carabine-les ! » (tire-leur dessus à la carabine)

16.5-64 : « Le time il est hyper-short. » (il faut vraiment se dépêcher)

16.5-65 : « Gijón » (prononcer en espagnol « rirone » : sa sœur)

16.5-66 : « C'était une chemise « lapin quelque chose »... Ted Lapinus ! » (Lapidus)

16.5-67 : Elle et sa sœur sont en train de préparer leurs affaires pour partir en week-end : « C'est pas logique comme tu as rangé là Tiffany... »

16.5-68 : Elle fait un cours d'histoire à sa sœur :
« Qu'est-ce qu'il y a au XVIe siècle ? »
T : « La préhistoire ? »
J : « Tu plaisantes ou quoi ? »
T : « Je sais pas j'ai dit au hasard... »

16.5-69 : À table : « Mâchez dans vos têtes. » (en silence)

16.5-70 : « J'ai pris minime. » (je m'en suis pas servi beaucoup - des poivrons)

16.5-71 : T : Le matin, à sa sœur : « Tu t'es brossé les dents ? »
J : « Non, je vais à l'école avec une haleine de mouffette. »

16.5-72 : T : « C'est qui Staline ? »
J : « C'est Hitler, mais de la Russie. »

16.5-73 : P : « Je trouve que c'est un joli prénom Océane. »
J : « Moi je trouve que c'est plus un nom de salade... »

16.5-74 : « J'ai les oreilles très remplies. » (de cire)

16.5-75 : « Le foie de morue c'est du foie gras de poisson. »

16.5-76 : Elle me demande : « Tu bois du jus de tomate de bon matin ? »
P : « C'est du jus d'orange sanguine ! »

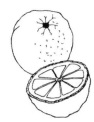

16.5-77 : « Je me douche (lave) les cheveux. »

16.5-78 : Elle fait un exercice de maths : « Là je sais que j'y suis vraiment très très presque... »

16.5-79 : On mange des pâtes : « Y'a pas de gruyère je vais faire de l'hypothermie. »

16.5-80 : « Je cours les escaliers en courant. » (je monte)

16.5-81 : « Quand je fais du téléphone longtemps j'ai les doigts qui vibrent. »

16.5-82 : « Moi je transpire mais pas salement... Intérieurement... »

16.5-83 : On joue au Scrabble : « Y'a rien dans le Larousse ! » (aucun des mots qu'elle invente n'existe)

16.5-84 : « Ma prof elle a aucune compathie. » (mélange de compassion / empathie)

16.5-85 : « Hipster, ça veut dire Pâques, non ? » (Easter : Pâques en anglais)

16.5-86 : « Elle est aux affûts. » (mélange de aux aguets / à l'affût)

16.5-87 : P : « Tu peux pas. »
J : « Non, je peux pas pas. » (si, je peux)

16.5-88 : « « Certes » c'est pas un mot de vieux. C'est juste que moi je parle noblement. »

16.5-89 : « On dirait l'entrée de l'hôpital où j'avais enlevé mes dents. » (où on m'a opéré des dents)

16.5-90 : « Je suis allée à une conférence, le gars il était pas endormant. » (soporifique)

16.5-91 : M : « Jennifer, y'a ton devoir sur les chromosomes sur le buffet. »
P : En plaisantant : « Jennifer, arrête de mettre tes chromosomes partout… »
T : « Oui, sinon tu vas devenir trisomique ! »

16.5-92 : Je conduis, elle est sur le siège passager. Elle se coiffe, retire des cheveux de sa brosse et les lâche sur le levier de vitesse.
P : « Mets-les ailleurs tes cheveux. Tu n'as qu'à les faire tomber à tes pieds. »
J : « À mes pieds il y a mes chaussures. Je veux pas les salir. »

16.5-93 : « J'ai un rond au pied. » (une ampoule)

16.5-94 : « C'est pas de la pluie, c'est du crachat. » (du crachin)

16.5-95 : Elle vient d'allumer la console de jeux : « Il me faut un jeu pas réflexionnant, je suis fatiguée... »

16.5-96 : « Le canard c'est un oiseau ? » (elle veut devenir vétérinaire)

16.5-97 : « C'est colbert ou colvert ? » (le canard)

16.5-98 : On fait un bras de fer : « J'arrive pas à forcer direct. Moi je suis demi-fond du bras. »

16.5-99 : Elle regarde une série avec sa sœur : « J'entends rien éteignez la lumière ! »

16.5-100 : « Se lever du canapé, c'est sportif. »

16.5-101 : Au Scrabble : « Tout ce que je peux faire, je peux pas. » (elle ne peut placer aucun des mots qu'elle trouve)

16.5-102 : Le matin au lever. « C'est possible de se casser la main en rien faisant ? » (symptôme)

16.5-103 : « Les douze travaux d'Ulysse » (d'Hercule)

16.5-104 : « Le tramway il peut freiner ? »

16.5-105 : Sur son CV : « Bonne maîtrise de World et Excell »

16.5-106 : Elle fait faire des maths à sa sœur : « C'est ça mais c'est faux. »

16.5-107 : En voiture, elle change de file rapidement : « J'ai fait ça un peu brutement, non ? »

16.5-108 : « Regarde ma jambe, on dirait une baleine. »

17 ans

17-1 : « L'année prochaine (en prépa) je me couche à quelle heure je veux. » (à l'heure que je veux)

17-2 : « Le pain chaud, c'est pire que bon. »

17-3 : Pendant les vacances d'été : « On est quel jour ? »
P : « On est le 8. »
J : « T'es sûr on est pas le 15 un truc comme ça ? »

17-4 : « Il fait nocturne. »

17-5 : « Flappy il dégage une odeur d'amour. »

17-6 : « J'ai rangé mes cours je me sens mieux. »

17-7 : « Là il faut y aller. »
T : « Pourquoi il est quelle heure ? »
J : « Il est beaucoup. »

17-8 : « Yannick Noah c'est le seul joueur de tennis que je connais... Et Roland Garros. »

17-9 : « Je fais du tâtage de poisson. » (je vérifie qu'il n'y a pas d'arêtes)

17-10 : « Je vais prendre des cours pour me renforger en mathématiques. » (mélange de renforcer / forger)

17-11 : « Il faut toujours avoir une solution de recours. » (de secours)

17-12 : P : « Comment on appelle un animal qui mange un seul type d'aliment ? »
J : « Un univore ? » (un monophage)

17-13 : « Il y a pas de gras dans la tête de veau. Alors c'est quoi le truc mou ? La fontanelle ? »

17-14 : « Racine carrée de 400 ça fait 50 ? Non ?? » (elle est en Terminale S)
« Je me suis trompée, je croyais que racine carrée de 100 ça faisait 25. »

17-15 : P : « Qu'est-ce qu'il a peint Michel-Ange ? »
J : « Le plafond de la chapelle sixtus. » (Sixtine)

17-16 : « Aix-en-Provence ça ressemble un peu à New-York. » (ah bon ?)

17-17 : P : « Jennifer tu veux conduire pour aller aux courses ? »
...
P : « Tu réponds quand on te parle ? »
J : « J'ai répondu. »
T : « Non t'as pas répondu ! »
J : « J'ai dit oui intérieurement... »

17-18 : Aux courses :
« Y'a trois cent monde ! » (il y a beaucoup de monde)

17-19 : « Je suis obésifiée de ouf ! » (j'ai trop mangé)
Mais aussi :
17-20 : « Cette sauce au foie gras elle m'écœurifie de ouf... »

17-21 : En voiture : « Là il faut que tu conduises version Ferrari de ville sinon on va arriver en retard à l'école... »

17-22 : Le soir : « J'ai la flemme d'aller dormir... »

17-23 : « Un nœud collant » (coulant)

17-24 : « Je suis congelée de l'intérieur. Je sens mes tripes et tout qui ont froid. »

17-25 : « Faire de la philosophie c'est humanisant. »

17-26 : M : « Ferme ta veste tu vas attraper froid ! »
J : « Je m'en fiche d'être malade ! » (elle est toujours ado...)

17-27 : P : « Jennifer, tu as laissé le four allumé ! »
J : « Quel four ? » (c'est bien connu les gens ont plusieurs fours chez eux...)

17-28 : À table : « Tu m'as mis un pas pilon ? » (tu m'as donné autre chose qu'un pilon de poulet)

17-29 : « Y'a la mer à Singapour ? »

17-30 : À l'hôtel à Singapour :
P : « Comment est-ce qu'on dit quand on part d'un hôtel ? » (réponse attendue : we are checking out)
J : « Goodbye ? »

17-31 : « Je suis pas habillée classe. J'ai d'autres habits beaux. »

17-32 : « Comment on fait pour reconnaître le chinois du japonais ? »
T : « Moi, je sais. Le japonais c'est mangaïfié ! »

17-33 : Sur le bateau de croisière, elle veut partager le réseau du forfait mobile de sa sœur :
« Tiffany, réseau ! »
T : « Sur le bateau au milieu de la mer ? Tu crois qu'il vient des poissons le réseau ? »

17-34 : « C'est archi-long de mettre des chaussettes. »

17-35 : « Oh, regarde, un cactusarium ! » (un jardin exotique)

17-36 : « Y'a aucun gens. » (il n'y a personne)

17-37 : P : « Raffles il a aussi créé les lois de Singapour. »
J : « Genre « pas de chewing-gum » ? »

17-38 : « Des fois je sors des trucs c'est archi-intelligent mais je sais pas d'où je les sors. »

17-39 : Dans la voiture : « Mets la clim chaude j'ai hyper froid ! » (le chauffage)

17-40 : « Le Vatican, c'est pas au Venezuela ? » (elle passe le bac cette année)

17-41 : « En me levant vite, la différence de pression ça a débouché mon nez. »

17-42 : « Les lunettes de soleil ça me va pas. »

17 ans et demi

17.5-1 : P : « J'ai pris un autre Amazon Echo pour mon travail comme ça Maman elle pourra m'appeler du salon comme si j'étais dans la maison. »
J : « C'est pas possible c'est trop loin ! Ça capte pas ! » (on se sert d'Amazon Echo dans la maison entre autres pour faire interphone entre les pièces)

17.5-2 : « Le canard c'est pas de la viande blanche. C'est de la viande rose. »

17.5-3 : T : « J'ai eu contrôle surprise en anglais mais j'avais appris. »
J : « Pourquoi t'avais appris ? »

17.5-4 : Sa mère ajuste l'attelle de son doigt : « C'est trop serré je respire plus ! »

17.5-5 : « Racine de zéro ça fait zéro ? » (elle a le Bac S dans deux mois)

17.5-6 : « J'ai plus toutes mes capacités de doigts. » (à cause de l'attelle)

17.5-7 : « Il reste un fin fond de chantilly. » (un fond)

17.5-8 : « Flappy il obésifie de la courgette. » (il mange beaucoup de courgettes)

17.5-9 : « La mygale, c'est pas un invertébré ! » (elle veut devenir vétérinaire)

17.5-10 : Au restaurant : « Ça a un petit goût spécial que j'aime pas, mais j'aime. »

17.5-11 : « La rue de vélo » (la piste cyclable)

17.5-12 : « J'aime trop m'habiller bien. »

17.5-13 : Elle est en train de faire ses devoirs dans la chambre de sa sœur, par terre en position de prière musulmane.
« J'ai pas d'autre endroit pour les faire. »

17.5-14 : On doit aller la chercher à l'anniversaire d'une copine.
« Une heure et demi (du matin) c'est pas tard… »

17.5-15 : « Des fois j'ai des pulsions d'énergie c'est choquant… »

17.5-16 : M : « C'est un manque de respect de marcher par terre avec les chaussettes. »
J : « Bon ça va tu les laves pas non plus une à une comme les lavandières… »

17.5-17 : « J'aime bien la pétanque c'est un sport pas très sportif je joue bien. »

17.5-18 : On regarde l'Eurovision.
« L'Israël c'est en Europe. »
puis :
« Mais c'est où l'Israël ? C'est pas en Asie ? »

17.5-19 : « Un port de complaisance » (de plaisance)

17.5-20 : Elle lit la composition sur son pot de yaourt :
« Contient plus de 85% d'humidité »
T : « L'humidité ça fait grossir ? »

17.5-21 : Elle vient de perdre au Trivial Pursuit contre moi. « On fait la révolte ? » (la revanche)

17.5-22 : « J'ai l'œil il est un peu liquide, comme si j'avais envie de pleurer. »

17.5-23 : « Wasard » (c'est sa façon de prononcer "au hasard")

17.5-24 : « Je suis très fragile des mains, de la température » (j'ai les mains qui craignent la chaleur)

17.5-25 : « C'est du chocolat Cdiscount. » (discount)

17.5-26 : « Flappy tu as un corps de rêve »

17.5-27 : Elle est en train de faire l'album photo de nos dernières vacances et de choisir des photos de fleurs : « Elle m'a brûlé les yeux tellement elle était belle la photo ! »

17.5-28 : « Comment ça s'appelle ça déjà ? Une pince à nutrition ? Une pince à nourrisson ? Ah non, une épingle à nourrice ! »

...

« Je savais que ça commençait par n et que ça avait un rapport avec les bébés ! »

17.5-29 : « Je me souviens plus du mot : j'ai un trou de mot. »

17.5-30 : « Dubaï c'est aux Émirats ? Je croyais que c'était en Asie ! »

17.5-31 : « Maman, si tu pouvais faire des photos non-floues (nettes), ce serait fantastique ! »

17.5-32 : « Je souris pas moi quand j'ai chaud » (elle est toujours ado...)

17.5-33 : « Moi je ris silencieusement. »

17.5-34 : « Saïthan elle est gluée. » (elle ne veut plus quitter mes bras)

17.5-35 : Je lui envoie son mot de passe par mail en remplaçant la partie qu'elle connaît déjà avec des astérisques pour ne pas l'écrire en clair. Elle me répond par mail : « Est-ce que le mot de passe je le tape avec les étoiles ? »

17.5-36 : « Mes copains ils ont dévoré ma mousse au chocolat comme des gros malades mentaux. »

17.5-37 : M : « Moi je l'ai trouvée vulgaire cette esthéticienne... »
« Elle est esthéticienne, elle est pas astronaute... »

17.5-38 : On fait une grillade à table :
« La meilleure des quatre viandes, c'est le saumon. »

17.5-39 : Je lui montre mes nouvelles chaussures pour lui demander comment elle les trouve :
« C'est quoi ? »
P : « ??? C'est mon nouveau téléphone portable... »

17.5-40 : « Quand j'ai du chocolat dans la bouche, j'ai une de ces capacités à être détendue... »

17.5-41 : « Je suis revenue à la décharge...C'est comme ça qu'on dit ? » (à la charge)

17.5-42 : « Le film était pas ennuyant. » (ennuyeux)

17.5-43 : « C'est un camembert de chèvre. » (un fromage de chèvre qui a la forme d'un camembert - le pire c'est que le terme existe vraiment !)

17.5-44 : À table : M : « Jennifer mets tes chaussons ! »
« Y'a tout le monde qui mange pieds nus chez lui ! »

17.5-45 : M : « Ne mange pas de chocolat si tu as mal au ventre... »
« N'importe quoi le chocolat c'est guérissant ! »

17.5-46 : « J'ai un problème, je crois que j'ai le coccyx cassé » (rappelez-vous son surnom : symptôme)

17.5-47 : « Je crois qu'il y avait une méduse à Aqualand... »

17.5-48 : « Y'a rien à Marseille ! »

17.5-49 : On sélectionne des photos : « Cette photo je kiffe trop c'est trop agréable pour les yeux. »

17.5-50 : « Prends la contre-avenue. » (la contre-allée)

17.5-51 : « André Comte éponge » (André Comte-Sponville)

17.5-52 : À la fin d'une balade en pleine chaleur, elle boit plusieurs verres d'eau à la file : « Je suis tellement déshydratée que là même en m'hydratant ça m'hydrate pas. »

17.5-53 : Au mini-golf : « J'aime trop gagner. »

17.5-54 : T : « Aux Grands Buffets, l'attraction c'est de manger. »
J : « C'est une montagne russe de saveurs. »

17.5-55 : « Je me suis piqué le pied sur un oursin, je suis revenue en nageant à trois membres. »

17.5-56 : « Moi j'aime pas les fêtes foraines. »

17.5-57 : « Regarde, je me suis fait saigner le bout du pouce. C'est quand j'ai mis les doigts dans la boule de bowling il y avait peut-être des débris de verre dans les trous. »

17.5-58 : « Le saumon, c'est meilleur que le steak haché. » (quand même...)

17.5-59 : « Donne moi une tomate. Et bien ronde, j'aime pas quand il y a des failles. »

17.5-60 : « J'ai froid, je suis en mode mourrance. »

17.5-61 : « Moi j'ai une mémoire auditive. Je suis auditive de ouf. »

17.5-62 : « Attends je réflexionne un truc... » (je réfléchis à quelque chose)

17.5-63 : J'ai servi, pour elle et pour moi, la même boisson, dans deux verres identiques.
« C'est lequel ton verre Papa ? »
P : « Je l'ai dans la main. »
J : « Le mien ? »
P : « Non, LE MIEN !! »

17.5-64 : P : « Tu devrais pas te coucher trop tard sinon demain matin au devoir surveillé tu vas pas être en forme... »
J : « Mais je fais ce que je veux... »
P : « Mais c'est pas un ordre, c'est un conseil... »
J : « Mais j'ai pas besoin de tes conseils... »

17.5-65 : Au coucher du soleil : « T'as vu comme il fait rose dehors ? »

17.5-66 : « Daft Punk, y'a aucun rythme. » (ah, ces ados...)

Les adis des zébrules seront de retour en Novembre 2022 dans « Tiffany A Dit »

Printed in Great Britain
by Amazon